AF175999

Seneca

Epistulae morales ad Lucilium

Liber X
Epistulae LXXXI-LXXXIII

Latein/Deutsch

Michael Weischede

Herstellung und Verlag:

BoD - Books on Demand, Norderstedt

ISBN 9783756834785

Bibliografische Information der Deutschen Nationalbibliothek

Die Deutsche Nationalbibliothek verzeichnet diese Publikation in der
Deutschen Nationalbibliografie; detaillierte bibliografische Daten sind im
Internet über http://dnb.dnb.de abrufbar.

Vorwort

Senecas Briefe an seinen Freund Lucilius gehören zu den wenigen Texten der lateinischen Literatur, die auch nach dem Zusammenbruch des Römischen Reiches nicht in Vergessenheit gerieten. Während die meisten Publikationen der Antike erst in der Renaissance „wiedergeboren" wurden, fanden die Epistulae morales ad Lucilium bis in unsere Zeit hinein durchgängig eine interessierte Leserschaft. Aus diesem Grund herrscht auch heute kein Mangel an Übersetzungen der Briefe. Es erschien mir deshalb wenig sinnvoll, eine weitere hinzuzufügen, ohne einen gesonderten Schwerpunkt zu setzen. Ich habe mich deshalb ganz bewusst für ein möglichst text- und wortgetreues Vorgehen entschieden und mich dabei weitestgehend an die Wortvorschläge der gängigen Lexika gehalten (Georges, PONS, Stowasser, Langenscheidt usw.). Vor allem Schülern sollte es auf diese Weise leichter fallen, die Übersetzung aus dem Lateinischen nachzuvollziehen und bei Bedarf mit ihren eigenen Bemühungen zu vergleichen.

Der lateinische Textteil stammt aus verschiedenen Internetquellen, wobei das Augenmerk auf der Gemeinfreiheit lag. Er ist also nicht editiert, und ich habe mir zudem erlaubt, ihn hier und da an meine stilistischen Vorlieben anzupassen. Für ein ernsthaftes wissenschaftliches Arbeiten ist er dementsprechend nicht geeignet.

Soweit mir meine Motivation für dieses Projekt nicht abhanden kommt, werde ich nach und nach alle 20 Bücher mit den Briefen an Lucilius übersetzen und veröffentlichen. Bei meiner eher gemächlichen Arbeitsweise kann das allerdings einige Zeit dauern ...

Dortmund im September 2022

Liber X – Epistula LXXXI

Seneca Lucilio suo Salutem,

(1) Quereris incidisse te in hominem ingratum: si hoc nunc primum, age aut fortunae aut diligentiae tuae gratias. Sed nihil facere hoc loco diligentia potest nisi te malignum; nam si hoc periculum vitare volueris, non dabis beneficia; ita ne apud alium pereant, apud te peribunt. Non respondeant potius quam non dentur: et post malam segetem serendum est. Saepe quidquid perierat adsidua infelicis soli sterilitate unius anni restituit ubertas.

(2) Est tanti, ut gratum invenias, experiri et ingratos. Nemo habet tam certam in beneficiis manum ut non saepe fallatur: aberrent, ut aliquando haereant. Post naufragium maria temptantur; feneratorem non fugat a foro coctor. Cito inerti otio vita torpebit, si relinquendum est quidquid offendit. Te vero benigniorem haec ipsa res faciat; nam cuius rei eventus incertus est, id ut aliquando procedat saepe temptandum est.

———————— ✥ ————————

Buch 10 – Brief 81

Seneca grüßt seinen Lucilius,

(1) Du beschwerst dich, dass du an einen undankbaren Menschen geraten bist: wenn dieses nun zum ersten Mal geschieht, danke entweder deinem Schicksal oder deiner Achtsamkeit. Aber an dieser Stelle kann Achtsamkeit nichts bewirken, außer dich knauserig zu machen; denn wenn du dieser Gefahr aus dem Weg gehen willst, wirst du keine Wohltaten [mehr] erweisen; so werden sie, um nicht bei anderen verloren zu gehen, bei dir verloren gehen. Lieber sollen sie nicht der Erwartung entsprechen, als nicht gewährt werden: auch nach einer schlechten Ernte muss gesät werden. Oft hat der reiche Ertrag eines einzelnen Jahres alles wieder gutgemacht, was durch die fortwährende Unfruchtbarkeit eines unergiebigen Bodens verloren gegangen war.

(2) Um einen Dankbaren zu finden, ist es der Mühe wert, auch die Undankbaren auf die Probe zu stellen. Niemand besitzt eine so treffsichere Hand bei den Wohltaten, dass er sich nicht oft täuscht: mögen sie umherschweifen, um sich eines Tages irgendwo festzusetzen. Nach einem Schiffbruch werden die Meere [wieder] befahren; der Zahlungsunfähige verscheucht den Geldverleiher nicht vom Marktplatz. Schnell wird das Leben in trägem Müßiggang verharren, wenn man alles, was Unwillen erregt, hinter sich lassen muss. Dich aber sollte gerade diese Tatsache freigebiger machen; denn etwas, dessen Ausgang unsicher ist, das muss oft versucht werden, damit es endlich einmal gelingt.

(3) Sed de isto satis multa in iis libris locuti sumus qui de beneficiis inscribuntur: illud magis quaerendum videtur, quod non satis, ut existimo, explicatum est, an is qui profuit nobis, si postea nocuit, paria fecerit et nos debito solverit. Adice, si vis, et illud: multo plus postea nocuit quam ante profuerat.

(4) Si rectam illam rigidi iudicis sententiam quaeris, alterum ab altero absolvet et dicet: 'Quamvis iniuriae praeponderent, tamen beneficiis donetur quod ex iniuria superest.' Plus nocuit, sed prius profuit; itaque habeatur et temporis ratio.

(5) Iam illa manifestiora sunt quam ut admoneri debeas quaerendum esse quam libenter profuerit, quam invitus nocuerit, quoniam animo et beneficia et iniuriae constant. 'Nolui beneficium dare; victus sum aut verecundia aut instantis pertinacia aut spe.'

(6) Eo animo quidque debetur quo datur, nec quantum sit sed a quali profectum voluntate perpenditur. Nunc coniectura tollatur: et illud beneficium fuit et hoc, quod modum beneficii prioris excessit, iniuria est. Vir bonus utrosque calculos sic ponit ut se ipse circumscribat: beneficio adicit, iniuriae demit. Alter ille remissior iudex, quem esse me malo, iniuriae oblivisci iubebit, officii meminisse.

(3) Aber darüber haben wir oft genug in den Schriften gesprochen, die mit dem Titel „Über die Wohltaten" versehen sind: es scheint mir, dass eher Folgendes untersucht werden muss, das, wie ich meine, nicht ausreichend erörtert wurde: ob einer, der uns nützlich war, wenn er später Schaden angerichtet hat, die Rechnung ausgeglichen und uns seine Schuld abgetragen hat. Denk dir, wenn du willst, auch noch dieses hinzu: er hat später viel mehr geschadet, als er vorher genützt hatte.

(4) Wenn du nach jenem richtigen Urteil eines strengen Richters fragst, wird er das eine von dem anderen ablösen und sagen: „Mögen auch die Ungerechtigkeiten überwiegen, dennoch soll das, was vom Unrecht als Überschuss übrig ist, wegen der Wohltaten erlassen werden." Er hat mehr geschadet, aber vorher genützt; daher sollte auch das zeitliche Verhältnis betrachtet werden.

(5) Nun ist das Genannte allzu offenkundig, als dass du daran erinnert werden müsstest, dass zu erfragen ist, wie gern er nützlich war, wie ungern er geschadet hat, da ja sowohl die Wohltaten als auch die Ungerechtigkeiten auf der Gesinnung beruhen. „Ich wollte keine Wohltat erweisen; umgestimmt worden bin ich entweder aus Schamgefühl oder durch die Beharrlichkeit eines drängenden Bittstellers oder wegen eines erhofften Guts."

(6) Zu dieser Gesinnung, aufgrund der gegeben wird, ist jeder verpflichtet, und man muss nicht genau abwägen, wie viel es ist, sondern aus welcher Absicht es hervorgegangen ist. Nun soll [jede] Annahme aufgehoben werden: einerseits war ersteres wirklich eine Wohltat, andererseits ist letzteres, das über das Maß der früheren Wohltat hinausging, wirklich ein Unrecht. Ein tüchtiger Mann stellt seine Rechnung so auf, dass er sich selbst ausklammert: die Wohltat fügt er hinzu, das Unrecht zieht er ab. Jener andere, mildere Richter, der ich zu sein vorziehe, wird wünschen wollen, das Unrecht zu vergessen, sich an die Gefälligkeit zu erinnern.

(7) 'Hoc certe', inquis, 'iustitiae convenit, suum cuique reddere, beneficio gratiam, iniuriae talionem aut certe malam gratiam.' Verum erit istud cum alius iniuriam fecerit, alius beneficium dederit; nam si idem est, beneficio vis iniuriae extinguitur. Nam cui, etiam si merita non antecessissent, oportebat ignosci, post beneficia laedenti plus quam venia debetur.

(8) Non pono utrique par pretium: pluris aestimo beneficium quam iniuriam. Non omnes esse grati sciunt: debere beneficium potest etiam inprudens et rudis et unus e turba, utique dum prope est ab accepto, ignorat autem quantum pro eo debeat. Uni sapienti notum est quanti res quaeque taxanda sit. Nam ille de quo loquebar modo stultus, etiam si bonae voluntatis est, aut minus quam debet aut <alio quam debet> tempore aut quo non debet loco reddit; id quod referendum est effundit atque abicit.

(9) Mira in quibusdam rebus verborum proprietas est, et consuetudo sermonis antiqui quaedam efficacissimis et officia docentibus notis signat. Sic certe solemus loqui: 'Ille illi gratiam rettulit.' Referre est ultro quod debeas adferre. Non dicimus 'gratiam reddidit'; reddunt enim et qui reposcuntur et qui inviti et qui ubilibet et qui per alium. Non dicimus 'reposuit beneficium' aut 'solvit': nullum nobis placuit quod aeri alieno convenit verbum.

(7) „Dieses", sagt man, „entspricht ohne Zweifel der Gerechtigkeit: jedem das Seine zurückzuerstatten, Dank für eine Wohltat, Vergeltung oder wenigstens einen vergifteten Dank für ein Unrecht." Das ist recht und billig, wenn der eine ein Unrecht begangen, der andere eine Wohltat erwiesen hat; wenn es allerdings derselbe ist, wird die Wirkung des Unrechts durch die Wohltat aufgehoben. Denn einem, dem verziehen werden sollte, selbst wenn keine Verdienste vorausgegangen wären, schuldet man, wenn er nach Wohltaten [auch] Schaden anrichtet, mehr als Verzeihung.

(8) Ich setze nicht den gleichen Preis für beide fest: eine Wohltat schätze ich höher ein als ein Unrecht. Nicht alle verstehen es, dankbar zu sein: sich einer Wohltat verpflichtet zu fühlen, vermag auch der Unwissende und der Ungebildete und irgendeiner aus der Masse, jedenfalls solange es [zeitlich] nah zum Empfang steht, jedoch weiß er nicht, wie viel er ihr entsprechend verpflichtet ist. Allein dem Weisen ist bekannt, wie hoch der Wert jeder einzelnen Sache festgesetzt werden muss. Denn jener Einfältige, über den ich sprach, gibt, selbst wenn er guten Willens ist, entweder weniger, als er verpflichtet ist, oder zu einem anderen Zeitpunkt, als er soll, oder bei einer Gelegenheit, bei der er es nicht soll; das, was zurückerstattet werden muss, vergeudet und verschleudert er.

(9) Hinsichtlich etlicher Dinge ist die eigentümliche Ausprägung unserer Begriffe erstaunlich, und ein altertümlicher Sprachgebrauch schmückt manches mit sehr nachhaltig wirkenden und die Pflichten lehrenden Eigenarten. So pflegen wir treffsicher zu sagen: „Der eine hat dem anderen Dank abgestattet." Dank abzustatten heißt, aus freien Stücken beizubringen, was man schuldig ist. Wir sagen nicht, „den Dank zurückgeben"; denn sowohl diejenigen geben etwas zurück, von denen man es verlangt, als auch diejenigen, die gegen den Willen oder die überall oder die für einen anderen [geben]. Wir sagen nicht: „Er hat eine Wohltat aufbewahrt" oder „abbezahlt": kein Wort war uns recht, das passend für Schulden ist.

(10) Referre est ad eum a quo acceperis rem ferre. Haec vox significat voluntariam relationem: qui rettulit, ipse se appellavit. Sapiens omnia examinabit secum, quantum acceperit, a quo, <quare,> quando, ubi, quemadmodum. Itaque negamus quemquam scire gratiam referre nisi sapientem, non magis quam beneficium dare quisquam scit nisi sapiens – hic scilicet qui magis dato gaudet quam alius accepto.

(11) Hoc aliquis inter illa numerat quae videmur inopinata omnibus dicere (paradoxa Graeci vocant) et ait: 'Nemo ergo scit praeter sapientem referre gratiam? Ergo nec quod debet creditori suo reponere quisquam scit alius nec, cum emit aliquam rem, pretium venditori persolvere?' <Ne> nobis fiat invidia, scito idem dicere Epicurum. Metrodorus certe ait solum sapientem referre gratiam scire.

(12) Deinde idem admiratur cum dicimus: 'Solus sapiens scit amare, solus sapiens amicus est.' Atqui et amoris et amicitiae pars est referre gratiam, immo hoc magis vulgare est et in plures cadit quam vera amicitia. Deinde idem admiratur quod dicimus fidem nisi in sapiente non esse, tamquam non ipse idem dicat. An tibi videtur fidem habere qui referre gratiam nescit?

(10) Dank abzustatten heißt, eine Sache demjenigen zu bringen, von dem sie empfangen wurde. Dieses Wort bezeichnet ein freiwilliges Zurückbringen: wer Dank abgestattet hat, hat sich selbst angemahnt. Der Weise wird alles sorgfältig für sich abwägen: wie viel er angenommen hat, von wem, aus welchem Grund, wann, wo, auf welche Weise. Daher bestreiten wir, dass es außer dem Weisen irgendjemand versteht, Dank abzustatten, ebenso wenig wie es außer dem Weisen irgendjemand versteht, eine Wohltat zu erweisen – ein solcher freilich, der beim Geben mehr Freude empfindet als der andere beim Empfangen.

(11) Dieses zählt manch einer zu den Dingen, die wir erwägen, in ihrer Gesamtheit als „etwas Unvermutetes" zu bezeichnen (die Griechen nennen sie Paradox) und er sagt: „Abgesehen von dem Weisen versteht es also niemand, Dank abzustatten? Folglich versteht auch irgendein anderer nicht, dasjenige, was er schuldet, für seinen Gläubiger beiseitezulegen, oder einem Verkäufer seinen Preis zu bezahlen, wenn er irgendetwas gekauft hat?" Um uns gegenüber kein Misstrauen zu erwecken, sollst du wissen, dass Epikur dasselbe sagt. Ohne Zweifel behauptet Metrodorus, dass allein der Weise es versteht, Dank abzustatten.

(12) Hierauf wundert sich derselbe, wenn wir sagen: „Allein der Weise versteht es zu lieben, allein der Weise ist ein Freund." Dank abzustatten, ist nun aber sowohl eine Seite der Liebe als auch der Freundschaft, ja dieses ist sogar weiter verbreitet und trifft auf mehr [Menschen] zu als eine wahre Freundschaft. Anschließend wundert sich derselbe, dass wir sagen, Treue existiere nur bei dem Weisen, als ob er nicht genau dasselbe sagte. Oder scheint dir Treue zu besitzen, wer es nicht versteht, Dank abzustatten?

(13) Desinant itaque infamare nos tamquam incredibilia iactantes et sciant apud sapientem esse ipsa honesta, apud vulgum simulacra rerum honestarum et effigies. Nemo referre gratiam scit nisi sapiens. Stultus quoque, utcumque scit et quemadmodum potest, referat; scientia illi potius quam voluntas desit: velle non discitur.

(14) Sapiens omnia inter se comparabit; maius enim aut minus fit, quamvis idem sit, tempore, loco, causa. Saepe enim hoc <non> potuere divitiae in domum infusae quod opportune dati mille denarii. Multum enim interest donaveris an succurreris, servaverit illum tua liberalitas an instruxerit; saepe quod datur exiguum est, quod sequitur ex eo magnum. Quantum autem existimas interesse utrum aliquis quod daret a se [quod praestabat] sumpserit an beneficium acceperit ut daret?

(15) Sed ne in eadem quae satis scrutati sumus revolvamur, in hac comparatione beneficii et iniuriae vir bonus iudicabit quidem quod erit aequissimum, sed beneficio favebit; in hanc erit partem proclivior.

(13) Sie sollten es daher unterlassen, uns in schlechten Ruf zu bringen, als ob wir Unglaubwürdiges im Munde führen, und begreifen, dass sich bei dem Weisen das sittlich Gute selbst, beim einfachen Volk [nur] ein Zerr- und Schattenbild der sittlich guten Dinge findet. Niemand außer dem Weisen versteht es, Dank abzustatten. Auch der Einfältige sollte ihn abstatten, so gut er es versteht und auf welche Weise er es vermag; eher dürfte ihm die Einsicht als der Wille fehlen: zu wollen wird nicht gelernt.

(14) Der Weise wird alles miteinander vergleichen; [die Gegengabe] wird nämlich je nach Zeitpunkt, Ort [und] Anlass mehr oder weniger bewirken, obgleich sie ebendieselbe ist. Denn oft hat der Reichtum, der sich in ein Haus ergossen hat, nicht so viel ausgerichtet wie tausend Denare, die zur rechten Zeit gegeben wurden. Es besteht nämlich ein großer Unterschied, ob du [jemandem] ein Geschenk gemacht hast oder zur Hilfe geeilt bist, ob deine Freigebigkeit ihn gerettet oder ausgestattet hat; das, was gegeben wird, ist oft gering, das, was daraus folgt, oft bedeutend. Um wie viel aber, meinst du, unterscheidet es sich, ob irgendeiner das, was er gibt, aus dem Seinen entnimmt oder ob er eine Wohltat annimmt, um [selbst] zu geben.

(15) Aber lass uns nicht wieder auf dasselbe zurückkommen, das wir [bereits] hinlänglich untersucht haben: ein rechtschaffener Mann wird bei diesem Vergleich einer Wohltat und einer Ungerechtigkeit zwar beurteilen, was am ehesten recht und billig ist, aber die Wohltat vorziehen; er wird dieser Seite geneigter sein.

(16) Plurimum autem momenti persona solet adferre in rebus eiusmodi: 'Dedisti mihi beneficium in servo, iniuriam fecisti in patre; servasti mihi filium, sed patrem abstulisti.' Alia deinceps per quae procedit omnis conlatio prosequetur, et si pusillum erit quod intersit, dissimulabit; etiam si multum fuerit, sed si id donari salva pietate ac fide poterit, remittet, id est si ad ipsum tota pertinebit iniuria.

(17) Summa rei haec est: facilis erit in commutando; patietur plus inputari sibi; invitus beneficium per compensationem iniuriae solvet; in hanc partem inclinabit, huc verget, ut cupiat debere gratiam, cupiat referre. Errat enim si quis beneficium accipit libentius quam reddit: quanto hilarior est qui solvit quam qui mutuatur, tanto debet laetior esse qui se maximo aere alieno accepti benefici exonerat quam qui cum maxime obligatur.

(18) Nam in hoc quoque falluntur ingrati, quod creditori quidem praeter sortem extra ordinem numerant, beneficiorum autem usum esse gratuitum putant: et illa crescunt mora tantoque plus solvendum est quanto tardius. Ingratus est qui beneficium reddit sine usura; itaque huius quoque rei habebitur ratio, cum conferentur accepta et expensa.

(16) Den größten Einfluss auf derartige Dinge pflegt jedoch die [jeweilige] Person zu haben: „Du hast mir eine Wohltat bezüglich eines Sklaven erwiesen, du hast ein Unrecht gegen den Vater begangen; den Sohn hast du mir erhalten, doch den Vater entrissen." Der Reihe nach wird er die anderen Dinge verfolgen, mittels derer jede Abwägung vonstatten geht, und wenn es wenig ist, was sich unterscheidet, wird er es nicht beachten; auch in dem Fall, dass es viel ist, aber [wenn es] ohne Verletzung des Pflichtbewusstseins und der Treue erlassen werden kann, wird er ablassen, das heißt, wenn das Unrecht gänzlich ihn allein betreffen wird.

(17) Der Hauptpunkt ist Folgender: er wird bei der Verrechnung gefällig sein; er wird es gestatten, dass ihm mehr angerechnet wird; ungern wird er eine Wohltat als Ausgleich für ein Unrecht abzahlen; er wird in diese Richtung entscheiden, dorthin sich neigen, dass er wünscht, Dank zu schulden, dass er wünscht, Dank abzustatten. Denn er macht einen Fehler, wenn er eine Wohltat lieber annimmt als erwidert: um so viel heiterer der ist, der zahlt, als der, der ausleiht, um so viel fröhlicher muss der sein, der sich durch eine empfangene Wohltat von einer sehr großen Schuld befreit, als der, der eben erst verpflichtet wird.

(18) Tatsächlich täuschen sich die Undankbaren auch darin, dass sie einem Gläubiger zwar über das geliehene Kapital hinaus außer der Reihe zahlen, aber glauben, dass die Verwendung von Wohltaten kostenlos ist: auch sie nehmen mit der Zeit zu und je säumiger [man ist], desto mehr muss man zahlen. Undankbar ist, wer eine Wohltat ohne Zinsen zurückgibt; daher wird man auch diesen Umstand auf der Rechnung haben, wenn Einnahmen und Ausgaben zusammengefasst werden.

(19) Omnia facienda sunt ut quam gratissimi simus. Nostrum enim hoc bonum est, quemadmodum iustitia non est (ut vulgo creditur) ad alios pertinens: magna pars eius in se redit. Nemo non, cum alteri prodest, sibi profuit, non eo nomine dico, quod volet adiuvare adiutus, protegere defensus, quod bonum exemplum circuitu ad facientem revertitur (sicut mala exempla recidunt in auctores nec ulla miseratio contingit iis qui patiuntur iniurias quas posse fieri faciendo docuerunt), sed quod virtutum omnium pretium in ipsis est. Non enim exercentur ad praemium: recte facti fecisse merces est.

(20) Gratus sum non ut alius mihi libentius praestet priori inritatus exemplo, sed ut rem iucundissimam ac pulcherrimam faciam; gratus sum non quia expedit, sed quia iuvat. Hoc ut scias ita esse, si gratum esse non licebit nisi ut videar ingratus, si reddere beneficium non aliter quam per speciem iniuriae potero, aequissimo animo ad honestum consilium per mediam infamiam tendam. Nemo mihi videtur pluris aestimare virtutem, nemo illi magis esse devotus quam qui boni viri famam perdidit ne conscientiam perderet.

(19) Es muss alles getan werden, damit wir möglichst dankbar sind. Dieses ist nämlich für uns gedeihlich, so wie die Gerechtigkeit nichts ist (wie vom gemeinen Volk geglaubt wird), was sich auf andere erstreckt: ein großer Teil von ihr kehrt zu uns zurück. Jeder hilft sich selbst, wenn er einem anderen hilft, deswegen behaupte ich nicht, dass er helfen will, weil ihm geholfen wurde, er beschützen will, weil er beschützt wurde, dass ein gutes Beispiel über einen Umweg zum Handelnden zurückkehrt (gleichsam schlechte Vorbilder auf die Urheber zurückfallen und nicht irgendein Mitleid denen zuteil wird, die Ungerechtigkeiten erleiden, zumal sie durch ihr Handeln gezeigt haben, dass es möglich ist), sondern dass der Lohn aller sittlich vollkommenen Taten in ihnen selbst liegt. Sie werden nämlich nicht gegen Geld betrieben: der Lohn der Tat ist es, sittlich gut gehandelt zu haben.

(20) Ich bin nicht dankbar, damit ein anderer, von dem vorausgegangenen Beispiel angetrieben, sich bereitwilliger vor mir hervortut, sondern um etwas außerordentlich Erfreuliches und Schönes zu tun; ich bin nicht dankbar, weil es nützt, sondern weil es wohltut. Damit du es verstehst, dass dies so ist: wenn es nur dadurch möglich sein wird, dankbar zu sein, dass ich mich undankbar zeige, wenn ich auch eine Wohltat nicht anders werde vergelten können als unter dem Anschein des Unrechts, werde ich mit größter Gelassenheit über die dazwischentretende üble Nachrede hinweg nach der sittlich guten Entscheidung trachten. Niemand scheint mir die sittliche Vollkommenheit höher einzuschätzen, niemand ihr mehr ergeben zu sein, als derjenige, der seinen Ruf als tugendhafter Mann zugrunde gerichtet hat, um sein gutes Gewissen nicht zu verlieren.

(21) Itaque, ut dixi, maiore tuo quam alterius bono gratus es; illi enim vulgaris et cotidiana res contigit, recipere quod dederat, tibi magna et ex beatissimo animi statu profecta, gratum fuisse. Nam si malitia miseros facit, virtus beatos, gratum autem esse virtus est, rem usitatam reddidisti, inaestimabilem consecutus es, conscientiam grati, quae nisi in animum divinum fortunatumque non pervenit. [In] Contrarium autem huic adfectum summa infelicitas urget: nemo sibi gratus est qui alteri non fuit. Hoc me putas dicere, qui ingratus est miser erit? Non differo illum: statim miser est.

(22) Itaque ingrati esse vitemus non aliena causa sed nostra. Minimum ex nequitia levissimumque ad alios redundat: quod pessimum ex illa est et, ut ita dicam, spississimum, domi remanet et premit habentem, quemadmo-dum Attalus noster dicere solebat: 'Malitia ipsa maximam partem veneni sui bibit.' Illud venenum quod serpentes in alienam perniciem proferunt, sine sua continent, non est huic simile: hoc habentibus pessimum est.

(23) Torquet se ingratus et macerat; odit quae accepit, quia redditurus est, et extenuat, iniurias vero dilatat atque auget. Quid autem eo miserius cui beneficia excidunt, haerent iniuriae? At contra sapientia exornat omne beneficium ac sibi ipsa commendat et se adsidua eius commemoratione delectat.

(21) Wie ich sagte, bist du daher mehr zu deinem als zum Vorteil eines anderen dankbar; denn jenem ist eine gewöhnliche und alltägliche Sache zuteilgeworden: zurückzubekommen, was er gegeben hatte, dir [dagegen] eine bedeutende und aus dem glücklichsten Zustand der Seele hervorgegangene: dankbar gewesen zu sein. Denn wenn eine böswillige Gesinnung beklagenswerte [Menschen] hervorbringt, die sittliche Vollkommenheit glückliche, es jedoch zur sittlichen Vollkommenheit gehört, dankbar zu sein, hast du eine gewöhnliche Sache herausgegeben, eine unschätzbare gewonnen: das Bewusstsein des Dankbaren, das nur in eine reiche und gesegnete Seele gelangt. Das größte Unglück jedoch bedrängt einen im entgegengesetzten Zustand: niemand ist sich [selbst] dankbar, der es nicht einem anderen gewesen ist. Meinst du, dass ich sage: wer undankbar ist, wird unglücklich sein? [Nein,] ich halte ihn nicht hin: er ist sogleich unglücklich.

(22) Lass uns deshalb vermeiden, undankbar zu sein, nicht um eines anderen, sondern um unser selbst willen. Aus der Nichtswürdigkeit strömt nur sehr Weniges und sehr Unbedeutendes auf andere über: was an ihr sehr schlecht und, so wie ich es sage, außerordentlich verfestigt ist, verbleibt daheim und bedrückt den Bewohner, so wie unser Attalus zu sagen pflegte: „Den größten Teil ihres Giftes wird die Boshaftigkeit selbst trinken." Jenes Gift, das Schlangen zu fremdem Verderben hervorbringen, [aber] ohne eigenes [Verderben] in sich tragen, ist diesem nicht ähnlich: ersteres ist am schlimmsten für diejenigen, die es besitzen.

(23) Der Undankbare peinigt und zermürbt sich; er hasst, was er empfangen hat, weil er es vergelten soll, und er redet es klein, über Ungerechtigkeiten breitet er sich allerdings weit aus und übertreibt sie. Was ist aber armseliger als einer, dem die Wohltaten entschwinden, die Ungerechtigkeiten nicht von der Seite weichen? Die Weisheit dagegen schmückt jede Wohltat aus, [und] macht sie sich selbst angenehm und erfreut sich an ihr in unablässiger Erinnerung.

(24) Malis una voluptas est et haec brevis, dum accipiunt beneficia, ex quibus sapienti longum gaudium manet ac perenne. Non enim illum accipere sed accepisse delectat, quod inmortale est et adsiduum. Illa contemnit quibus laesus est, nec obliviscitur per neglegentiam sed volens.

(25) Non vertit omnia in peius nec quaerit cui inputet casum, et peccata hominum ad fortunam potius refert. Non calumniatur verba nec vultus; quidquid accidit benigne interpretando levat. Non offensae potius quam offici meminit; quantum potest in priore ac meliore se memoria detinet, nec mutat animum adversus bene meritos nisi multum male facta praecedunt et manifestum etiam coniventi discrimen est; tunc quoque in hoc dumtaxat, ut talis sit post maiorem iniuriam qualis ante beneficium. Nam cum beneficio par est iniuria, aliquid in animo benivolentiae remanet.

(26) Quemadmodum reus sententiis paribus absolvitur et semper quidquid dubium est humanitas inclinat in melius, sic animus sapientis, ubi paria maleficiis merita sunt, desinit quidem debere, sed non desinit velle debere, et hoc facit quod qui post tabulas novas solvunt.

(24) Schlechte Menschen besitzen nur eine einzige Freude und diese [ist] von kurzer Dauer, während sie die Wohltaten empfangen, aus denen dem Weisen eine lang dauernde und beständige Freude verbleibt. Denn er freut sich nicht, [irgendetwas] zu empfangen, sondern empfangen zu haben, was unvergänglich und beständig ist. Die Dinge, von denen er verletzt wurde, nimmt er gleichgültig hin, und er vergisst sie nicht aus Gleichgültigkeit, sondern absichtlich.

(25) Er verkehrt nicht alles ins Schlechte und er fragt nicht, wem er einen Vorfall auf die Rechnung setzen kann, und die Fehltritte der Menschen schreibt er eher dem Schicksal zu. Er mäkelt nicht an Worten oder Mienen; durch seine wohlwollende Auslegung mildert er alles ab, was geschieht. Er gedenkt der Kränkung nicht lieber als der Dankespflicht; soweit er es kann, füllt er sich ganz mit einer früheren und besseren Erinnerung aus, und seine Einstellung gegenüber denen, die sich verdient gemacht haben, ändert er nur, wenn die Übeltaten weit voranstehen und selbst für den, der nachsichtig ist, der Unterschied offenkundig ist; auch dann lediglich in einer Weise, dass er sich nach einem großen Unrecht so verhält wie vor einer Wohltat. Denn [selbst] wenn das Unrecht der Wohltat gleichkommt, bleibt doch etwas an Wohlwollen im Herzen zurück.

(26) So wie der Beklagte bei Stimmengleichheit freigesprochen wird, und die Menschlichkeit alles, was zweifelhaft ist, stets zum Milderen wendet, so lässt der Geist des Weisen, sobald die verdienstvollen den üblen Taten angemessen sind, zwar davon ab, an eine Verpflichtung gebunden zu sein, aber er hört nicht auf, sich verpflichtet fühlen zu wollen, und er tut das gleiche, wie diejenigen, die trotz neuer Schuldbücher [ihre Altschuld] abtragen.

(27) Nemo autem esse gratus potest nisi contempsit ista propter quae vulgus insanit: si referre vis gratiam, et in exilium eundum est et effundendus sanguis et suscipienda egestas et ipsa innocentia saepe maculanda indignisque obicienda rumoribus. Non parvo sibi constat homo gratus.

(28) Nihil carius aestimamus quam beneficium quamdiu petimus, nihil vilius cum accepimus. Quaeris quid sit quod oblivionem nobis acceptorum faciat? Cupiditas accipiendorum; cogitamus non quid inpetratum sed quid petendum sit. Abstrahunt a recto divitiae, honores, potentia et cetera quae opinione nostra cara sunt, pretio suo vilia.

(29) Nescimus aestimare res, de quibus non cum fama sed cum rerum natura deliberandum est; nihil habent ista magnificum quo mentes in se nostras trahant praeter hoc, quod mirari illa consuevimus. Non enim quia concupiscenda sunt laudantur, sed concupiscuntur quia laudata sunt, et cum singulorum error publicum fecerit, singulorum errorem facit publicus.

(30) Sed quemadmodum illa credidimus, sic et hoc eidem populo credamus, nihil esse grato animo honestius; omnes hoc urbes, omnes etiam ex barbaris regionibus gentes conclamabunt; in hoc bonis malisque conveniet.

(27) Niemand kann jedoch dankbar sein, wenn er nicht die Dinge verachtet, wegen der die Masse außer sich ist; wenn man Dank abstatten will, muss man ins Exil gehen und sein Blut vergießen und Armut auf sich nehmen und die eigene Rechtschaffenheit besudeln und sie schändlichen Verleumdungen aussetzen. Ein dankbarer Mann kommt sich keine Kleinigkeit zu stehen.

(28) Nichts schätzen wir kostbarer ein als eine Wohltat, solange wir sie zu erreichen suchen, nichts wertloser, sobald wir sie empfangen haben. Was es wohl ist, fragst du, was bei uns das Vergessen des Empfangenen bewirkt? Die Gier, etwas übergeben zu bekommen; wir sind nicht darauf bedacht, was erreicht worden ist, sondern was angestrebt werden muss. Von der sittlich guten Tat halten uns der Reichtum ab, die Ehrenämter, die Macht und die übrigen Dinge, die unserer Meinung nach kostbar, dem eigentlichen Wert nach unbedeutend sind.

(29) Wir verstehen es nicht, die Dinge einzuschätzen, hinsichtlich derer man nicht das Gerede der Leute, sondern das Wesen der Natur bedenken muss; diese enthalten nichts Großartiges, womit sie unsere Sinne an sich ziehen könnten, bis auf die Tatsache, dass wir gewohnt sind, sie zu bewundern. Denn sie werden nicht gerühmt, weil sie wünschenswert sind, sondern sie werden erwünscht, weil sie gerühmt worden sind, und wenn der Irrtum Einzelner einen allgemeinen [Irrtum] hervorgerufen hat, ruft der allgemeine [Irrtum] den Irrtum Einzelner hervor.

(30) Aber so wie wir dem eben Erwähnten Glauben geschenkt haben, so sollten wir demselben Volk auch das Folgende glauben, dass nichts tugendhafter ist als ein dankbares Herz; alle Städte, selbst alle Stämme aus wilden Gegenden werden dieses vereint bezeugen; darin stimmen die Guten und die Schlechten überein.

(31) Erunt qui voluptates laudent, erunt qui labores malint; erunt qui dolorem maximum malum dicant, erunt qui ne malum quidem appellent; divitias aliquis ad summum bonum admittet, alius illas dicet malo vitae humanae repertas, nihil esse eo locupletius cui quod donet fortuna non invenit: in tanta iudiciorum diversitate referendam bene merentibus gratiam omnes tibi uno, quod aiunt, ore adfirmabunt. In hoc tam discors turba consentiet, cum interim iniurias pro beneficiis reddimus, et prima causa est cur quis ingratus sit si satis gratus esse non potuit.

(32) Eo perductus est furor ut periculosissima res sit beneficia in aliquem magna conferre; nam quia putat turpe non reddere, non vult esse cui reddat. Tibi habe quod accepisti; non repeto, non exigo: profuisse tutum sit. Nullum est odium perniciosius quam e beneficii violati pudore. Vale.

(31) Es wird diejenigen geben, die Vergnügungen gutheißen, es wird diejenigen geben, die eher den Anstrengungen zugeneigt sind; es wird diejenigen geben, die den Schmerz als größtes Ungemach bezeichnen, es wird diejenigen geben, die ihn nicht einmal ein Übel nennen; manch einer wird Reichtum zur obersten Tugend gelangen lassen, ein anderer wird sagen, dass er zum Schaden des menschlichen Lebens ersonnen wurde, dass nichts wohlbestellter ist als einer, für den das Schicksal nicht ausfindig macht, was es gewähren könnte: trotz so großer Verschiedenheit der Ansichten werden dir alle, wie man sagt, aus einem Munde bestätigen, dass man Wohltätern Dank abstatten müsse. Darin wird sich die so uneinige Menge einig sein: wenn wir zuweilen Ungerechtigkeiten anstelle von Wohltaten zurückerstatten, gibt es tatsächlich auch einen vorangehenden Grund, weshalb einer nicht dankbar ist – wenn er nämlich nicht ausreichend dankbar sein konnte.

(32) Der Wahnsinn hat es bis zu einem Punkt gebracht, dass es eine außerordentlich gefährliche Angelegenheit ist, an irgendjemand bedeutende Wohltaten zu entrichten; denn weil er es als schimpflich ansieht, sie nicht zu vergelten, will er lieber, dass derjenige nicht existiert, dem er [sie] vergelten soll. Behalte für dich, was du empfangen hast; ich verlange es nicht zurück, ich fordere es nicht ein: möge es gefahrlos sein, geholfen zu haben. Kein Hass ist verderblicher als der aus Scham wegen einer entehrten Wohltat. Lebe wohl.

Liber X – Epistula LXXXII

Seneca Lucilio suo Salutem,

(1) Desii iam de te esse sollicitus. 'Quem', inquis, 'deorum sponsorem accepisti?' Eum scilicet qui neminem fallit, animum recti ac boni amatorem. In tuto pars tui melior est. Potest fortuna tibi iniuriam facere: quod ad rem magis pertinet, non timeo ne tu facias tibi. I qua ire coepisti et in isto te vitae habitu compone placide, non molliter.

(2) Male mihi esse malo quam molliter – <'male'> nunc sic excipe quemadmodum a populo solet dici: dure, aspere, laboriose. Audire solemus sic quorundam vitam laudari quibus invidetur: 'Molliter vivit'; hoc dicunt: 'Mollis est'. Paulatim enim effeminatur animus atque in simili-tudinem otii sui et pigritiae in qua iacet solvitur. Quid ergo? Viro non vel obrigescere satius est? * * * deinde idem delicati timent, [morti] cui vitam suam fecere similem. Multum interest inter otium et conditivum.

(3) 'Quid ergo?', inquis, 'non satius est vel sic iacere quam in istis officiorum verticibus volutari?' Utraque res detestabilis est, et contractio et torpor. Puto, aeque qui in odoribus iacet mortuus est quam qui rapitur unco; otium sine litteris mors est et hominis vivi sepultura.

Buch 10 – Brief 82

Seneca grüßt seinen Lucilius,

(1) Ich habe aufgehört, in Sorge um dich zu sein. „Wen hast du als Bürge der Götter gebilligt?", fragst du. Selbstverständlich einen solchen Geist, der niemanden täuscht, einen Freund des sittlich Guten und der Tugend. Der bessere Teil von dir befindet sich in Sicherheit. Das Schicksal kann dir Unrecht tun: was [aber] in dieser Sache eher von Belang ist, ich fürchte nicht, dass du es dir selbst zufügst. Gehe [weiter], wohin du zu gehen begonnen hast, und richte dich in dieser Lebenshaltung friedlich ein – nicht bequem.

(2) Lieber will ich es schlecht haben als bequem – „schlecht" lege nun so aus, wie das Volk es vorzubringen pflegt: beschwerlich, hart, mühsam. Wir hören gewöhnlich, dass das Leben von etlichen, die man beneidet, derart gelobt wird: „Er lebt bequem" – man meint dieses hier: „Er ist bequem". Denn nach und nach wird der Geist verweichlicht und entsprechend seinem Müßiggang und der Trägheit, in welche er versunken ist, erschlaffen. Was jetzt? Ist es nicht sogar besser für einen Mann, hart zu werden? *** hierauf fürchten die Verweichlichten auch den Tod, dem ähnlich sie ihr Leben zugebracht haben. Es besteht ein großer Unterschied zwischen der Muße und einem Grab.

(3) „Was also", fragst du, „ist es nicht sogar besser, auf diese Weise matt dazuliegen, als in diesen Strudeln der Pflichten hin und her gewälzt zu werden?" Beides ist verabscheuenswert, sowohl die krankhafte Spannung als auch die Trägheit. Ich denke, derjenige, der verstorben in Wohlgerüchen daliegt, ist ebenso tot wie derjenige, der am Haken fortgeschleppt wird; eine Muße ohne wissenschaftliche Beschäftigung ist der Tod und das Begräbnis eines lebendigen Menschen.

(4) Quid deinde prodest secessisse? Tamquam non trans maria nos sollicitudinum causae persequantur. Quae latebra est in quam non intret metus mortis? Quae tam emunita et in altum subducta vitae quies quam non dolor territet? Quacumque te abdideris, mala humana circumstrepent. Multa extra sunt quae circumeunt nos quo aut fallant aut urgeant, multa intus quae in media solitudine exaestuant.

(5) Philosophia circumdanda est, inexpugnabilis murus, quem fortuna multis machinis lacessitum non transit. In insuperabili loco stat animus qui externa deseruit et arce se sua vindicat; infra illum omne telum cadit. Non habet, ut putamus, fortuna longas manus: neminem occupat nisi haerentem sibi.

(6) Itaque quantum possumus ab illa resiliamus; quod sola praestabit sui naturaeque cognitio. Sciat quo iturus sit, unde ortus, quod illi bonum, quod malum sit, quid petat, quid evitet, quae sit illa ratio quae adpetenda ac fugienda discernat, qua cupiditatum mansuescit insania, timorum saevitia conpescitur.

(4) Was nützt es dann, sich zurückgezogen zu haben? Als ob uns die Ursachen der Sorgen nicht über die Meere hinaus verfolgen würden. Welchen Schlupfwinkel gibt es, in den die Todesfurcht nicht eindringen könnte? Welche Seelenruhe ist so stark gefestigt und ins Innere geführt, dass der Schmerz sie nicht in Schrecken versetzen könnte? Wo auch immer du dich verborgen hast, die menschlichen Übel werden dich umtosen. Außerhalb existiert vieles, das uns umringt, um uns entweder zu täuschen oder zu belästigen, vieles im Inneren, das inmitten der Einsamkeit auflodert.

(5) Die Philosophie muss uns umgeben, ein unbezwingbarer Schutzwall, den, obgleich von zahlreichen Winkelzügen herausgefordert, das Schicksal nicht überschreitet. An einem unüberwindlichen Ort verbleibt die Seele, die ihre äußeren Erscheinungen aufgegeben hat und sich auf ihrer hohen Feste schützt; jedes Geschoss fällt unterhalb von ihr herab. Das Schicksal hat, wie wir glauben, keine weitreichenden Arme: es nimmt nur jemanden in Besitz, der sich in ihm verfängt.

(6) Deshalb sollten wir uns, sofern wir dazu in der Lage sind, von ihm zurückziehen; das wird allein die Erkenntnis unserer selbst und die der Natur leisten. [Jeder] sollte wissen, wohin er gehen will, woher er stammt, was für ihn gut, was für ihn schlecht ist, was er anstreben, was er vermeiden soll, was jene Vernunft ist, die unterscheidet, wonach man greifen und was man verschmähen muss, durch die der Wahnsinn der Leidenschaften sich mildert, durch die die Heftigkeit der Schrecken im Zaum gehalten wird.

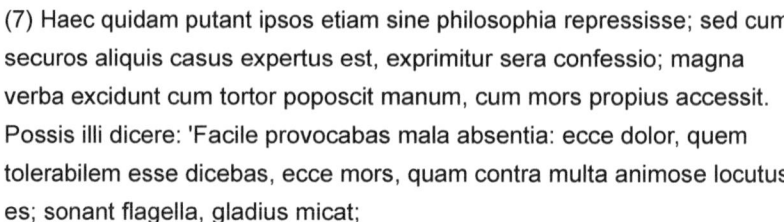

(7) Haec quidam putant ipsos etiam sine philosophia repressisse; sed cum securos aliquis casus expertus est, exprimitur sera confessio; magna verba excidunt cum tortor poposcit manum, cum mors propius accessit. Possis illi dicere: 'Facile provocabas mala absentia: ecce dolor, quem tolerabilem esse dicebas, ecce mors, quam contra multa animose locutus es; sonant flagella, gladius micat;

nunc animis opus, Aenea, nunc pectore firmo'.

(8) Faciet autem illud firmum adsidua meditatio, si non verba exercueris sed animum, si contra mortem te praeparaveris, adversus quam non exhortabitur nec attollet qui cavillationibus tibi persuadere temptaverit mortem malum non esse. Libet enim, Lucili, virorum optime, ridere ineptias Graecas, quas nondum, quamvis mirer, excussi.

(9) Zenon noster hac conlectione utitur: 'Nullum malum gloriosum est; mors autem gloriosa est; mors ergo non est malum.' Profecisti! Liberatus sum metu; post hoc non dubitabo porrigere cervicem. Non vis severius loqui nec morituro risum movere? Non mehercules facile tibi dixerim utrum ineptior fuerit qui se hac interrogatione iudicavit mortis metum extinguere, an qui hoc, tamquam ad rem pertineret, conatus est solvere.

(7) Etliche glauben, dass sie diese Dinge von sich aus auch ohne die Philosophie bewältigt haben; aber immer wenn irgendein Unglücksfall die Sorglosen auf die Probe gestellt hat, wird spät ein Geständnis erzwungen; erhabene Worte werden vergessen, wenn der Folterknecht die Hand verlangt, wenn der Tod näher herangerückt ist. Man könnte ihm sagen: „Leichthin hast du die abwesenden Übel herausgefordert: schau, da ist der Schmerz, von dem du gesagt hast, dass er erträglich ist, schau, da ist der Tod, gegen den du immer vieles mutig im Munde geführt hast; es zischen die Peitschen, es blitzt das Schwert;

jetzt bedarf es der Zuversicht, Aeneas, jetzt des standhaften Herzens.

(8) Andererseits wird beharrliches Nachsinnen [eben] diese Standhaftigkeit hervorbringen, wenn du nicht leeres Gerede, sondern den Geist übst, wenn du dich gegen den Tod rüstest, gegen den dich derjenige, der dich mit Spitzfindigkeiten zu überzeugen versucht, dass der Tod kein Übel ist, nicht ermutigen und nicht aufrichten wird. Es steht dir nämlich frei, mein allerbester Lucilius, über die Torheiten der Griechen zu lachen, die ich, wie sehr ich mich auch darüber wundere, noch nicht abgeschüttelt habe.

(9) Unser Zenon verwendet folgende Schlussfolgerung: „Kein Übel ist ruhmvoll; der Tod aber ist ruhmvoll; also ist der Tod kein Übel." Du hast etwas bewirkt! Ich bin von der Furcht befreit worden; hierauf werde ich nicht zögern, meinen Nacken darzureichen. Ziehst du es nicht vor, ernsthafter zu sprechen, und einen, der im Begriff steht zu sterben, nicht zum Lachen zu bringen? Schwerlich könnte ich dir wahrhaftig sagen, ob derjenige törichter war, der glaubte, er könne durch diese Folgerung seine Todesfurcht unterdrücken, oder derjenige, der, als ob es zu etwas führen würde, versucht hat, dieses zu enträtseln.

(10) Nam et ipse interrogationem contrariam opposuit ex eo natam quod mortem inter indifferentia ponimus, quae adiaphora Graeci vocant. 'Nihil', inquit, 'indifferens gloriosum est; mors autem gloriosum est; ergo mors non est indifferens.' Haec interrogatio vides ubi obrepat: mors non est gloriosa, sed fortiter mori gloriosum est. Et cum dicis: 'Indifferens nihil gloriosum est', concedo tibi ita ut dicam nihil gloriosum esse nisi circa indifferentia; tamquam indifferentia esse dico (id est nec bona nec mala) morbum, dolorem, paupertatem, exilium, mortem.

(11) Nihil horum per se gloriosum est, nihil tamen sine his. Laudatur enim non paupertas, sed ille quem paupertas non summittit nec incurvat; laudatur non exilium, sed ille [Rutilius] qui fortiore vultu in exilium iit quam misisset; laudatur non dolor, sed ille quem nihil coegit dolor; nemo mortem laudat, sed eum cuius mors ante abstulit animum quam conturbavit.

(10) Denn er selbst hat auch eine gegensätzliche Schlussfolgerung angeführt, die daraus folgt, dass wir den Tod unter die gleichgültigen Dinge
zählen, welche die Griechen ἀδιάφορα nennen. „Nichts Gleichgültiges",
sagt er, „ist ruhmvoll; der Tod aber ist ruhmvoll, also ist der Tod nicht
gleichgültig." Du verstehst, womit diese Schlussfolgerung täuscht: nicht
der Tod ist ruhmvoll, sondern tapfer zu sterben ist ruhmvoll. Und wenn du
behauptest: „Nichts Gleichgültiges ist ruhmvoll", pflichte ich dir in einer
Weise bei, dass ich sage, dass Ruhmvolles nur in Hinsicht auf Gleichgültiges existiert; ich sage, dass Krankheit, Schmerz, Armut, Verbannung so-
zusagen gleichgültige, das bedeutet weder gute noch schlechte Dinge sind.

(11) Nichts davon ist an sich ruhmvoll, gleichwohl nichts ohne dies. Es
wird nämlich nicht die Armut gepriesen, sondern jener, den die Armut
nicht unterwirft und auch nicht beugt; es wird nicht die Verbannung gepriesen, sondern jener, der mit unerschrockener Miene in die Verbannung
ging, gleich als wenn er [sich selbst] entsendet hätte; gepriesen wird nicht
der Schmerz, sondern jener, den der Schmerz zu nichts genötigt hat; niemand rühmt den Tod, sondern denjenigen, dessen Tod die Seele eher da-
vongetragen als verstört hat.

(12) Omnia ista per se non sunt honesta nec gloriosa, sed quidquid ex illis virtus adiit tractavitque honestum et gloriosum facit: illa in medio posita sunt. Interest utrum malitia illis an virtus manum admoverit; mors enim illa quae in Catone gloriosa est in Bruto statim turpis est et erubescenda. Hic est enim Brutus qui, cum periturus mortis moras quaereret, ad exonerandum ventrem secessit et evocatus ad mortem iussusque praebere cervicem, 'praebebo', inquit, 'ita vivam'. Quae dementia est fugere cum retro ire non possis! 'Praebebo', inquit, 'ita vivam'. Paene adiecit: 'vel sub Antonio'. O hominem dignum qui vitae dederetur!

(13) Sed, ut coeperam dicere, vides ipsam mortem nec malum esse nec bonum: Cato illa honestissime usus est, turpissime Brutus. Omnis res quod non habuit decus virtute addita sumit. Cubiculum lucidum dicimus, hoc idem obscurissimum est nocte; dies illi lucem infundit, nox eripit:

(14) sic istis quae a nobis indifferentia ac media dicuntur, divitiis, viribus, formae, honoribus, regno, et contra morti, exilio, malae valetudini, doloribus quaeque alia aut minus aut magis pertimuimus, aut malitia aut virtus dat boni vel mali nomen. Massa per se nec calida nec frigida est: in fornacem coniecta concaluit, in aquam demissa refrixit. Mors honesta est per illud quod honestum est, id <est> virtus et animus externa contemnens.

(12) All diese Dinge sind nicht an sich ehrenwert und auch nicht ruhmvoll, sondern die sittliche Vollkommenheit macht jede einzelne von denen, die sie aufgesucht und berührt hat, ehrenwert und ruhmvoll: sie sind in Unbestimmtheit angelegt. Es besteht ein Unterschied, ob eine böswillige oder eine sittlich gute Gesinnung Hand an sie legt; jener Tod nämlich, der bei Cato ruhmvoll ist, ist bei [Decimus] Brutus sogleich schändlich und beschämend. Hier geht es allerdings um den Brutus, der (weil er, den Untergang vor Augen, Zeit zu gewinnen suchte) sich zurückzog, um den Unterleib zu entleeren, und, zu seinem Tode herbeigerufen und aufgefordert, den Nacken darzureichen, sagte: „Ich werde ihn zwar darreichen, doch lieber möchte ich leben." Welch Unverstand ist es zu fliehen, wenn man nicht zurück kann! „Ich werde ihn zwar darreichen", sagte er, „doch lieber möchte ich leben." Fast hätte er hinzugefügt: „selbst unter Antonius." Ach, ein verdienter Mann, der sich dem Leben unterworfen hat!

(13) Aber du siehst ein, dass, wie zuvor gesagt, gerade der Tod weder ein Übel noch ein Gut ist: Cato hat ihn sehr ehrenvoll angenommen, Brutus sehr schändlich. Durch die hinzugefügte Tugendhaftigkeit eignet sich jede Sache eine Würde an, die sie [zuvor] nicht besaß. Wir nennen ein Zimmer hell, das absolut dunkel zur Nachtzeit dasselbe ist; der Tag lässt an jenem Orte Licht einströmen, die Nacht entreißt es ihm:

(14) derart sind die Dinge, die von uns indifferent und unbestimmt genannt werden: Reichtum, Stärke, gutes Aussehen, Ehrenämter, Herrschaft, und, auf der anderen Seite, Tod, Verbannung, eine schlechte Gesundheit, Schmerzen und anderes, das uns mehr oder weniger große Angst bereitet: entweder die böswillige oder die sittlich gute Gesinnung bestimmt den Namen „Übel" oder „Gut". Eine Masse ist an sich weder warm noch kalt: in den Ofen geworfen erhitzt sie sich, ins Wasser eingetaucht kühlt sie sich ab. Ehrenwert ist der Tod durch das, was ehrenwert ist, das heißt, durch die sittliche Vollkommenheit und einen Geist, der Äußerliches verachtet.

(15) Est et horum, Lucili, quae appellamus media grande discrimen. Non enim sic mors indifferens est quomodo utrum capillos pares <an inpares> habeas: mors inter illa est quae mala quidem non sunt, tamen habent mali speciem: sui amor est et permanendi conservandique se insita voluntas atque aspernatio dissolutionis, quia videtur multa nobis bona eripere et nos ex hac cui adsuevimus rerum copia educere. Illa quoque res morti nos alienat, quod haec iam novimus, illa ad quae transituri sumus nescimus qualia sint, et horremus ignota. Naturalis praeterea tenebrarum metus est, in quas adductura mors creditur.

(16) Itaque etiam si indifferens mors est, non tamen ea est quae facile neglegi possit: magna exercitatione durandus est animus ut conspectum eius accessumque patiatur. Mors contemni debet magis quam solet; multa enim de illa credidimus; multorum ingeniis certatum est ad augendam eius infamiam; descriptus est carcer infernus et perpetua nocte oppressa regio, in qua

ingens ianitor Orci
ossa super recubans antro semesa cruento
aeternum latrans exsangues terreat umbras.

Etiam cum persuaseris istas fabulas esse nec quicquam defunctis superesse quod timeant, subit alius metus: aeque enim timent ne apud inferos sint quam ne nusquam.

(15) Auch bei dem, was wir als Unbestimmtes bezeichnen, Lucilius, gibt es einen großen Unterschied. Denn der Tod ist nicht auf eine Weise indifferent wie [die Frage], ob man eine gerade oder ungerade Anzahl an Haaren hat: der Tod gehört zu den Dingen, die zwar keine Übel sind, jedoch den Anschein eines Übels besitzen: die Liebe zu sich selbst und der Wille, sich zu erhalten und zu bewahren, sowie die Abneigung gegen [die eigene] Auflösung, ist angeboren, weil es scheint, dass sie uns vieler Güter beraubt und dass sie uns aus dieser Fülle von Dingen, an die wir uns gewöhnt haben, herausführt. Auch folgende Tatsache macht uns den Tod fremd: dass wir Gegenwärtiges schon kennen, jenes, zu dem wir übergehen werden, in seiner Beschaffenheit [dagegen] nicht kennen, und wir uns vor dem Unbekannten scheuen. Naturgemäß ist außerdem die Furcht vor der Dunkelheit, in die uns, wie wir glauben, der Tod führen wird.

(16) Auch wenn der Tod also indifferent ist, ist er dennoch nicht von der Art, dass er leicht außer Acht gelassen werden kann: mit viel Übung muss der Geist gehärtet werden, um seine Gegenwart und sein Herannahen auszuhalten. Der Tod muss mehr noch verachtet werden als gewöhnlich; wir bilden uns nämlich vieles über ihn ein; eifrig wurden die geistigen Talente vieler bemüht, um seinen schlechten Ruf zu fördern; als unterirdischer Kerker wurde er beschrieben und als eine von immerwährender Nacht verborgene Gegend, in welcher

der riesige Türsteher des Schattenreichs,
in blutbefleckter Höhle auf halb verzehrten Gerippen ruhend
immer und ewig bellend die erschöpften Seelen schreckt.

Obgleich du überzeugt bist, dass dies Märchen sind und dass den Verstorbenen nichts verbleibt, was sie fürchten müssten, steigt eine andere Furcht empor: denn in gleicher Weise fürchtet man, bei den Bewohnern der Unterwelt wie nirgends zu sein.

(17) His adversantibus quae nobis offundit longa persuasio, fortiter pati mortem quidni gloriosum sit et inter maxima opera mentis humanae? Quae numquam ad virtutem exsurget si mortem malum esse crediderit: exsurget si putabit indifferens esse. Non recipit rerum natura ut aliquis magno animo accedat ad id quod malum iudicat: pigre veniet et cunctanter. Non est autem gloriosum quod ab invito et tergiversante fit; nihil facit virtus quia necesse est.

(18) Adice nunc quod nihil honeste fit nisi cui totus animus incubuit atque adfuit, cui nulla parte sui repugnavit. Ubi autem ad malum acceditur aut peiorum metu, aut spe bonorum ad quae pervenire tanti sit devorata unius mali patientia, dissident inter se iudicia facientis: hinc est quod iubeat proposita perficere, illinc quod retrahat et ab re suspecta ac periculosa fugiat; igitur in diversa distrahitur. Si hoc est, perit gloria; virtus enim concordi animo decreta peragit, non timet quod facit.

Tu ne cede malis, sed contra audentior ito quam tua te fortuna sinet.

(17) Warum sollte es mit Blick auf diese entgegenwirkenden Dinge, zu der uns lange Überredung drängt, nicht ruhmvoll sein und zu den bedeutendsten Werken des menschlichen Geistes gehören, tapfer den Tod hinzunehmen? Dieses wird sich nie zur sittlichen Vollkommenheit erheben, wenn man den Tod für ein Übel hält: es wird sich [dazu] erheben, wenn man zu der Meinung gelangt, dass er indifferent ist. Die natürliche Ordnung lässt es nicht zu, dass irgendjemand mit großem Verlangen an das herantritt, was er als Übel einschätzt: er wird sich langsam und zaudernd nähern. Ruhmvoll ist aber nicht, was gegen den Willen und mit Widerstreben getan wird; nichts gewährt die sittliche Vollkommenheit, weil es unumgänglich ist.

(18) Füge nun hinzu, dass nur das tugendhaft geschieht, dem sich die Seele im vollen Umfang gewidmet und hingewendet hat, dem sie sich mit keinem Teil ihrer selbst widersetzt hat. Sobald man an ein Übel herantritt, entweder aus Furcht vor Schlimmerem oder in der Hoffnung auf Güter, an die zu gelangen so viel wert ist, dass ein einziges Übel geduldig ertragen wird, stehen die Überzeugungen von demjenigen, der es tut, miteinander im Widerspruch: auf der einen Seite findet sich das, was dazu auffordert, die Vorhaben auszuführen, auf der anderen Seite das, was davon abhält und sich von einer verdächtigen und gefährlichen Sache fernhält. Folglich wird er in entgegengesetzte Richtungen auseinandergezogen. Wenn das der Fall ist, geht der Ruhm dahin; die sittliche Vollkommenheit vollzieht ihre Beschlüsse einig in Herz und Geist, sie fürchtet nicht, was sie tut.

Füge Du dich nicht den Übeln, sondern schreite [ihnen] mutiger entgegen, als dein Schicksal dich lassen will.

(19) Non ibis audentior si mala illa esse credideris. Eximendum hoc e pectore est; alioqui haesitabit impetum moratura suspicio; trudetur in id quod invadendum est.

Nostri quidem videri volunt Zenonis interrogationem veram esse, fallacem autem alteram et falsam quae illi opponitur. Ego non redigo ista ad legem dialecticam et ad illos artificii veternosissimi nodos: totum genus istuc exturbandum iudico quo circumscribi se qui interrogatur existimat et ad confessionem perductus aliud respondet, aliud putat. Pro veritate simplicius agendum est, contra metum fortius.

(20) Haec ipsa quae involvuntur ab illis solvere malim et expandere, ut persuadeam, non ut inponam. In aciem educturus exercitum pro coniugibus ac liberis mortem obiturum quomodo exhortabitur? Do tibi Fabios totum rei publicae bellum in unam transferentes domum. Laconas tibi ostendo in ipsis Thermopylarum angustiis positos: nec victoriam sperant nec reditum; ille locus illis sepulchrum futurus est.

(19) Du wirst nicht mutiger voranschreiten, wenn du der Ansicht bist, dass es Übel sind. Man muss dies aus seinem Herzen entfernen; andernfalls wird ein Argwohn verbleiben, der das ungestüme Vordringen künftig verzögert; man wird zu dem getrieben, auf das man losgehen muss.

Die Unsrigen wollen zwar, dass die Schlussfolgerung von Zenon als wahr angesehen wird, die andere, die ihr gegenübergestellt wird, jedoch als trügerisch und falsch. Ich führe solches nicht auf ein dialektisches Gesetz und auf die bekannten Schwierigkeiten einer ausgesprochen kraftlosen Kunst zurück: ich meine, dass man diese ganze Gattung verscheuchen muss, bei der derjenige, der gefragt wird, meint, dass er umgarnt wird, und, nachdem er zu einem Eingeständnis verleitet wurde, das eine antwortet, das andere meint. Für die Wahrheit muss man aufrichtiger handeln, gegen die Furcht tapferer.

(20) Gerade die Dinge, die von jenen verhüllt werden, will ich lieber enträtseln und klar darlegen – um zu überzeugen, nicht um jemanden zu hintergehen. Auf welche Weise wird einer sein Heer ermutigen, das, in der Absicht für die Ehefrauen und die Kinder dem Tod entgegenzutreten, in die Schlacht ausrücken will? Ich gebe dir die Fabier [zu bedenken], die einen Krieg des Staates vollständig in ein einziges Haus verlegen. Ich halte dir die Spartaner vor Augen, die sich unmittelbar im Engpass der Thermopylen aufgestellt haben: weder auf einen Sieg noch auf eine Heimkehr hoffen sie; jener Ort soll ihnen zum Grab werden.

(21) Quemadmodum exhortaris ut totius gentis ruinam obiectis corporibus excipiant et vita potius quam loco cedant? Dices: 'Quod malum est gloriosum non est; mors gloriosa est; mors ergo non malum?' O efficacem contionem! Quis post hanc dubitet se infestis ingerere mucronibus et stans mori? At ille Leonidas quam fortiter illos adlocutus est! 'Sic', inquit, 'conmilitones, prandete tamquam apud inferos cenaturi.' Non in ore crevit cibus, non haesit in faucibus, non elapsus est manibus: alacres et ad prandium illi promiserunt et ad cenam.

(22) Quid? Dux ille Romanus, qui ad occupandum locum milites missos, cum per ingentem hostium exercitum ituri essent, sic adlocutus est: 'Ire, conmilitones, illo necesse est unde redire non est necesse.' Vides quam simplex et imperiosa virtus sit: quem mortalium circumscriptiones vestrae fortiorem facere, quem erectiorem possunt? Frangunt animum, qui numquam minus contrahendus est et in minuta ac spinosa cogendus quam cum <ad> aliquid grande conponitur.

(21) Wie ermutigst du sie, damit sie unter Preisgabe ihrer Körper den Untergang des ganzen Geschlechts abwehren und lieber aus dem Leben scheiden als [sich] aus ihrer Stellung [zurückziehen]? Wirst du behaupten: „Was ein Übel ist, ist nicht ruhmvoll? Der Tod ist ruhmvoll; folglich ist der Tod kein Übel?" Ach, welch nachdrückliche Ansprache! Wer könnte nach dieser [noch] zaudern, sich in die feindlichen Schwerter zu stürzen und aufrecht stehend zu sterben? Wie kraftvoll hat dagegen der berühmte Leonidas die Seinen umworben! „Daher frühstückt Kameraden", sagte er, „als ob ihr den Mittagstisch mit denen in der Unterwelt halten werdet." Die Speise ist ihnen nicht im Mund aufgequollen, nicht in ihrer Kehle steckengeblieben, nicht ihren Händen entglitten: mit freudigem Eifer sagten sie sich sowohl zum Frühstück als auch zum Abendessen an.

(22) So auch ein bekannter römischer Feldherr, der die zur Einnahme einer Stellung entsendeten Soldaten, als sie durch ein ungeheures feindliches Herr stürmen sollten, auf diese Weise angesprochen hat: „Dorthin, Kameraden, müssen wir marschieren, von wo zurückzukehren nicht notwendig ist." Du siehst, wie einfach und gebieterisch die Tugend ist: wen der Sterblichen können eure Täuschungen tapferer, wen entschlossener machen? Sie schwächen den Geist, der niemals weniger beschränkt und in Kleinigkeiten und Spitzfindigkeiten hineingetrieben werden darf, als wenn er zu etwas Großartigem geformt wird.

(23) Non trecentis, sed omnibus mortalibus mortis timor detrahi debet. Quomodo illos doces malum non esse? Quomodo opiniones totius aevi, quibus protinus infantia inbuitur, evincis? Quod auxilium invenis [quid dicis] inbecillitati humanae? Quid dicis quo inflammati in media pericula inruant? Qua oratione hunc timendi consensum, quibus ingenii viribus obnixam contra te persuasionem humani generis avertis? Verba mihi captiosa componis et interrogatiunculas nectis? Magnis telis magna portenta feriuntur.

(24) Serpentem illam in Africa saevam et Romanis legionibus bello ipso terribiliorem frustra sagittis fundisque petierunt: ne Pythio quidem vulnerabilis erat. Cum ingens magnitudo pro vastitate corporis solida ferrum et quidquid humanae torserant manus reiceret, molaribus demum fracta saxis est. Et adversus mortem tu tam minuta iacularis? Subula leonem excipis? Acuta sunt ista quae dicis: nihil est acutius arista; quaedam inutilia et inefficacia ipsa subtilitas reddit. Vale.

———————

(23) Nicht [nur] den Dreihundert, sondern allen Sterblichen muss die Todesfurcht genommen werden. Wie erklärst du ihnen, dass sie kein Übel ist? Wie überwindest du die Vorurteile eines ganzen Zeitalters, mit denen die Kindheit sogleich durchtränkt wird? Welche Hilfe findest du gegen die Ohnmacht des Menschen? Was bringst du vor, so dass sich diejenigen, die entflammt wurden, mitten in die Gefahren hineinstürzen? Mit welcher Rede wehrst du den allgemeinen Wunsch ab, sich zu fürchten, mit welchen Kräften des Geistes den beharrlichen Glauben des Menschengeschlechts, der sich dir entgegenstemmt? Fasst du verfängliche Worte für mich ab und fügst sophistische Fragen an? Große Ungeheuer werden mit großen Geschossen erlegt.

(24) Jene grausame und von den römischen Heeren mehr als der Krieg selbst gefürchtete Schlange in Afrika haben sie vergeblich mit Pfeilen und Schleudergeschossen angegriffen: selbst durch den pythischen Gott war sie nicht verwundbar. Da die zum Schutz der gewaltigen Größe außerordentliche, [und] massive Härte des Körpers Eisen und alles, was menschliche Hände geschleudert hatten, abprallen ließ, ist sie schließlich mit Hilfe von Felsbrocken, groß wie Mühlsteine, zerschmettert worden. Und gegen den Tod ziehst du mit so unbedeutenden Dingen los? Du erwartest den Löwen mit einer Ahle? Scharfsinnig ist das, was du sagst: nichts ist spitzer als eine Granne; gerade die Feinheit [aber] macht manches unbrauchbar und wirkungslos. Lebe wohl.

Liber X – Epistula LXXXIII

Seneca Lucilio suo Salutem,

(1) Singulos dies tibi meos et quidem totos indicari iubes:bene de me iudicas si nihil esse in illis putas quod abscondam. Sic certe vivendum est tamquam in conspectu vivamus, sic cogitandum tamquam aliquis in pectus intimum introspicere possit: et potest. Quid enim prodest ab homine aliquid esse secretum? Nihil deo clusum est; interest animis nostris et cogitationibus medius intervenit – sic 'intervenit' dico tamquam aliquando discedat.

(2) Faciam ergo quod iubes, et quid agam et quo ordine libenter tibi scribam. Observabo me protinus et, quod est utilissimum, diem meum recognoscam. Hoc nos pessimos facit, quod nemo vitam suam respicit; quid facturi simus cogitamus, et id raro, quid fecerimus non cogitamus; atqui consilium futuri ex praeterito venit.

(3) Hodiernus dies solidus est, nemo ex illo quicquam mihi eripuit; totus inter stratum lectionemque divisus est; minimum exercitationi corporis datum, et hoc nomine ago gratias senectuti: non magno mihi constat. Cum me movi, lassus sum; hic autem est exercitationis etiam fortissimis finis.

Buch 10 – Brief 83

Seneca grüßt seinen Lucilius,

(1) Du verlangst, dass dir jeder einzelne meiner Tage, und zwar im vollen Umfang, offenbart wird: du urteilst gut über mich, wenn du glaubst, dass es nichts in ihnen gibt, was ich verschweigen möchte. Ohne Zweifel müssen wir so leben, als ob wir öffentlich lebten, so denken, als ob irgendeiner in unsere innerste Seele hineinblicken könnte: und möglich ist es. Was nützt es nämlich, dass etwas vor einem Menschen verborgen ist? Einem Gott ist nichts verschlossen; er befindet sich in unseren Seelen und tritt mitten zwischen unsere Gedanken – ich sage [einfach] so „dazwischentreten", als ob er sich irgendwann jemals entfernen würde.

(2) Ich werde also machen, was du verlangst, und dir gerne schreiben, was und in welcher Reihenfolge ich es tue. Ich werde mich unverzüglich beobachten und, was am nützlichsten ist, meinen Tag prüfend ins Gedächtnis zurückrufen. Dies macht uns am schlechtesten: dass niemand auf sein Leben zurückblickt; was wir zu tun beabsichtigen, bedenken wir – und das nur selten –, was wir getan haben, bedenken wir nicht; und doch erwächst die Einsicht in das Künftige aus der Vergangenheit.

(3) Der heutige Tag ist vollständig [mein], niemand hat mir etwas von ihm entrissen; er wurde ganz zwischen Matratze und Lektüre aufgeteilt; sehr wenig wurde der Leibesübung zugestanden, und aus diesem Grund bin ich dem hohen Alter dankbar: es kostet mich nicht viel [Zeit]. Sobald ich mich bewegt habe, bin ich ermattet; das ist aber auch für die Kräftigsten das Ziel der Übung.

(4) Progymnastas meos quaeris? Unus mihi sufficit Pharius, puer, ut scis, amabilis, sed mutabitur: iam aliquem teneriorem quaero. Hic quidem ait nos eandem crisin habere, quia utrique dentes cadunt. Sed iam vix illum adsequor currentem et intra paucissimos dies non potero: vide quid exercitatio cotidiana proficiat. Cito magnum intervallum fit inter duos in diversum euntes: eodem tempore ille ascendit, ego descendo, nec ignoras quanto ex his velocius alterum fiat. Mentitus sum; iam enim aetas nostra non descendit sed cadit.

(5) Quomodo tamen hodiernum certamen nobis cesserit quaeris? Quod raro cursoribus evenit, hieran fecimus. Ab hac fatigatione magis quam exercitatione in frigidam descendi: hoc apud me vocatur parum calda. Ille tantus psychrolutes, qui kalendis Ianuariis euripum salutabam, qui anno novo quemadmodum legere, scribere, dicere aliquid, sic auspicabar in Virginem desilire, primum ad Tiberim transtuli castra, deinde ad hoc solium quod, cum fortissimus sum et omnia bona fide fiunt, sol temperat: non multum mihi ad balneum superest.

(6) Panis deinde siccus et sine mensa prandium, post quod non sunt lavandae manus. Dormio minimum. Consuetudinem meam nosti: brevissimo somno utor et quasi interiungo; satis est mihi vigilare desisse; aliquando dormisse me scio, aliquando suspicor.

(4) Du fragst nach meinen Trainern? Pharius allein reicht mir aus, ein liebenswerter Junge, wie du weißt, aber er wird ausgewechselt: ich suche bereits einen Jüngeren. Er behauptet allerdings, dass wir uns in derselben Krise befinden, weil beiden von uns die Zähne ausfallen. Aber ich hole ihn beim Laufen kaum noch ein und werde es binnen kürzester Zeit [gar] nicht [mehr] können: sieh nur, was die alltägliche Leibesübung bewirkt. Schnell entsteht ein großer Abstand zwischen zweien, die in entgegengesetzter Richtung gehen: zur gleichen Zeit steigt jener hinauf, ich herab, und du weißt genau, wie viel schneller es bei dem einen von den genannten geschieht. Ich habe mich gegen die Wahrheit versündigt; denn schon jetzt steigt unsere Generation nicht herab, sondern sie schwindet.

(5) Du fragst gleichwohl, wie der heutige Wettstreit zwischen uns ausgegangen ist? Wir trafen gleichzeitig im Ziel ein, was bei Wettläufern nur selten geschieht. Eher wegen der erwähnten Ermüdung als wegen der Leibesübung bin ich in kaltes Wasser gestiegen: so wird bei mir das nicht ganz warme genannt. Als der früher so oft kalt Badende, der ich am ersten Januartag den Kanal begrüßte, der ich das neue Jahr gleichwie mit Lesen, Schreiben, [oder] irgendeinem Spruch so mit einem Sprung in die Aqua Virgo einweihte, habe ich meine Lager zuerst an den Tiber verlegt, anschließend zu dieser Wanne, welche, wenn ich sehr kräftig bin und alles gewissenhaft gemacht wird, [allein] die Sonne erwärmt: nicht viel fehlt mir mehr zu einem warmen Bad.

(6) Anschließend trockenes Brot und ohne [zu] Tisch [zu gehen] ein zweites Frühstück, nach welchem man sich nicht die Hände waschen muss. Ich schlafe ein wenig. Du kennst meine Gewohnheit: ich brauche sehr wenig Schlaf und halte eine Art von Rast; dass ich nicht weiter wach bleibe, genügt mir; manchmal weiß ich, dass ich geschlafen habe, manchmal bilde ich es mir ein.

(7) Ecce circensium obstrepit clamor; subita aliqua et universa voce feriuntur aures meae, nec cogitationem meam excutiunt, ne interrumpunt quidem. Fremitum patientissime fero; multae voces et in unum confusae pro fluctu mihi sunt aut vento silvam verberante et ceteris sine intellectu sonantibus.

(8) Quid ergo est nunc cui animum adiecerim? Dicam. Superest ex hesterno mihi cogitatio quid sibi voluerint prudentissimi viri qui rerum maximarum probationes levissimas et perplexas fecerint, quae ut sint verae, tamen mendacio similes sunt.

(9) Vult nos ab ebrietate deterrere Zenon, vir maximus, huius sectae fortissimae ac sanctissimae conditor. Audi ergo quemadmodum colligat virum bonum non futurum ebrium: 'Ebrio secretum sermonem nemo committit, viro autem bono committit; ergo vir bonus ebrius non erit.' Quemadmodum opposita interrogatione simili derideatur adtende (satis enim est unam ponere ex multis): 'Dormienti nemo secretum sermonem committit, viro autem bono committit; vir bonus ergo non dormit.'

(7) Da! Der Lärm der Zirkusspiele tönt [uns] entgegen; plötzlich werden meine Ohren von irgendeinem allumfassenden Geschrei getroffen, aber das reißt mich nicht aus meinen Gedanken, unterbricht sie nicht einmal. Ich ertrage das Getöse sehr gelassen; die vielen und zu einer Einheit verschmolzenen Stimmen sind für mich wie eine Mereswoge oder wie der Wind, der einen Wald trifft, und wie alles Übrige, das sinnlos ertönt.

(8) Was also ist es, worauf ich nun meinen Geist gerichtet habe? Ich werde es [dir] sagen: der Gedanke von gestern ist bei mir hängengeblieben, was wohl verständigste Menschen im Sinn haben, die völlig haltlose und unklare Beweisführungen von äußerst wichtigen Sachverhalten aufsetzen, die, selbst wenn sie wahr sein sollten, trotzdem einer Lüge gleichkommen.

(9) Zenon will uns von der Trunkenheit abbringen, ein sehr bedeutender Mann, der Gründer unserer sehr einflussreichen und erhabenen philosophischen Schule. Vernimm also, wie er schlussfolgert, dass ein ehrbarer Mann nicht berauscht sein will: „Niemand vertraut einem Betrunkenen ein Geheimnis an, einem ehrbaren Mann jedoch vertraut man sich an; also wird sich ein ehrbarer Mann nicht betrinken." Gib acht, wie man das verspotten kann, wenn man eine ähnliche Schlussfolgerung anführt (denn es ist ausreichend, eine von vielen aufzustellen): „Niemand vertraut einem Schlafenden ein Geheimnis an, einem ehrbaren Mann jedoch vertraut man sich an; also schläft ein ehrbarer Mann nicht."

(10) Quo uno modo potest Posidonius Zenonis nostri causam agit, sed ne sic quidem, ut existimo, agi potest. Ait enim 'ebrium' duobus modis dici, altero cum aliquis vino gravis est et inpos sui, altero si solet ebrius fieri et huic obnoxius vitio est; hunc a Zenone dici qui soleat fieri ebrius, non qui sit; huic autem neminem commissurum arcana quae per vinum eloqui possit.

(11) Quod est falsum; prima enim illa interrogatio conplectitur eum qui est ebrius, non eum qui futurus est. Plurimum enim interesse concedes et inter ebrium et ebriosum: potest et qui ebrius est tunc primum esse nec habere hoc vitium, et qui ebriosus est saepe extra ebrietatem esse; itaque id intellego quod significari verbo isto solet, praesertim cum ab homine diligentiam professo ponatur et verba examinante. Adice nunc quod, si hoc intellexit Zenon et nos intellegere noluit, ambiguitate verbi quaesiit locum fraudi, quod faciendum non est ubi veritas quaeritur.

(10) Auf die einzig mögliche Art verteidigt Poseidonius die Sache unseres Zenon, aber, wie ich meine, kann er nicht einmal auf diese Weise verteidigt werden. Er behauptet nämlich, dass „betrunken" auf zwei Arten bestimmt werde: einerseits, sooft einer vom Wein schwerfällig und nicht Herr seiner selbst ist, andererseits, wenn einer gewohnheitsmäßig trinkt, und von dieser schlechten Eigenschaft allzu abhängig ist; den letzteren, der es gewohnt ist, betrunken zu sein, habe Zenon angeführt, nicht denjenigen, der es [gerade] ist; einem solchen aber werde niemand Geheimnisse anvertrauen, die er beim Zechen ausplaudern könne.

(11) Das ist falsch; jene erste Schlussfolgerung erfasst nämlich denjenigen, der betrunken ist, nicht denjenigen, der sich betrinken wird. Denn du wirst zugeben, dass zwischen einem Betrunkenen und einem Trunksüchtigen ein sehr großer Unterschied besteht: es ist sowohl möglich, dass derjenige, der betrunken ist, es zu diesem Zeitpunkt zum ersten Mal ist und er diese schlechte Eigenschaft nicht besitzt, als auch, dass derjenige, der trunksüchtig ist, sich oft nicht im trunkenen Zustand befindet; daher begreife ich es derart, wie es mit diesem Wort gewöhnlich bezeichnet wird, vor allem wenn es von einem Menschen geäußert wird, der sich zur Gewissenhaftigkeit bekannt hat und der seine Worte [genau] abwägt. Füge nun hinzu, dass, wenn Zenon dieses begriffen hat und nicht wollte, dass wir es begreifen, er durch Zweideutigkeit im Ausdruck der Täuschung eine Gelegenheit zu verschaffen suchte, was nicht getan werden darf, wenn die Wahrheit angestrebt wird.

(12) Sed sane hoc senserit: quod sequitur falsum est, ei qui soleat ebrius fieri non committi sermonem secretum. Cogita enim quam multis militibus non semper sobriis et imperator et tribunus et centurio tacenda mandaverint. De illa C. Caesaris caede, illius dico qui superato Pompeio rem publicam tenuit, tam creditum est Tillio Cimbro quam C. Cassio. Cassius tota vita aquam bibit, Tillius Cimber et nimius erat in vino et scordalus. In hanc rem iocatus est ipse: 'Ego', inquit, 'quemquam feram, qui vinum ferre non possum?'

(13) Sibi quisque nunc nominet eos quibus scit et vinum male credi et sermonem bene; unum tamen exemplum quod occurrit mihi referam, ne intercidat. Instruenda est enim vita exemplis inlustribus, nec semper confugiamus ad vetera.

(14) L. Piso, urbis custos, ebrius ex quo semel factus est fuit. Maiorem noctis partem in convivio exigebat; usque in horam sextam fere dormiebat: hoc eius erat matutinum. Officium tamen suum, quo tutela urbis continebatur, diligentissime administravit. Huic et divus Augustus dedit secreta mandata, cum illum praeponeret Thraciae, quam perdomuit, et Tiberius proficiscens in Campaniam, cum multa in urbe et suspecta relinqueret et invisa.

(12) Aber mag er dies meinetwegen gemeint haben: was daraus folgt, dass dem, der gewohnheitsmäßig trinkt, kein Geheimnis anvertraut wird, ist falsch. Bedenke nämlich, wie vielen, nicht immer nüchternen Soldaten sowohl ein Imperator als auch ein Tribun als auch ein Zenturio anvertrauen, was verschwiegen werden muss. Bei jener Ermordung von Gaius Caesar, ich spreche von dem, der nach dem Sieg über Pompeius die Staatsgewalt ergriffen hat, wurde einem Tillius Cimber ebenso vertraut wie einem Gaius Cassius. Cassius hat sein ganzes Leben Wasser getrunken, T. Cimber war sowohl übermäßig beim Weintrinken als auch ein Zankteufel. Darüber hat er selbst gescherzt: „Ich soll irgendeinen vertragen“, sagte er, „der ich nicht den Wein vertragen kann?“

(13) Jeder sollte nun für sich diejenigen anführen, denen er einerseits schlecht einen Wein, andererseits recht wohl ein Wort überlassen kann; dennoch will ich ein Beispiel liefern, dass mir [gerade] vor Augen tritt, damit es nicht vergessen wird. Man muss sein Leben nämlich anhand von leuchtenden Vorbildern einrichten, und nicht immer können wir bei den Alten Zuflucht nehmen.

(14) Der Stadtpräfekt Lucius Piso befand sich im trunkenen Rausch, seitdem er zum ersten Mal von ihm ergriffen wurde. Einen Großteil der Nacht verbrachte er beim Gelage; gewöhnlich schlief er bis zur Mittagsstunde durch: das war sein früher Morgen. Seine Pflicht, auf welche der Erhalt der Stadt beruhte, hat er gleichwohl sehr gewissenhaft verrichtet. Ihm gab sowohl der göttliche Augustus besondere Aufträge, als er ihm das Kommando in Thrakien übertrug, das er gänzlich unterwarf, als auch der nach Kampanien abreisende Tiberius, als er in Rom viel Argwohn und Missgunst zurückließ.

(15) Puto, quia bene illi cesserat Pisonis ebrietas, postea Cossum fecit urbis praefectum, virum gravem, moderatum, sed mersum vino et madentem, adeo ut ex senatu aliquando, in quem e convivio venerat, oppressus inexcitabili somno tolleretur. Huic tamen Tiberius multa sua manu scripsit quae committenda ne ministris quidem suis iudicabat: nullum Cosso aut privatum secretum aut publicum elapsum est.

(16) Itaque declamationes istas de medio removeamus: 'Non est animus in sua potestate ebrietate devinctus: quemadmodum musto dolia ipsa rumpuntur et omne quod in imo iacet in summam partem vis caloris eiectat, sic vino exaestuante quidquid in imo iacet abditum effertur et prodit in medium. Onerati mero quemadmodum non continent cibum vino redundante, ita ne secretum quidem; quod suum alienumque est pariter effundunt.'

(17) Sed quamvis hoc soleat accidere, ita et illud solet, ut cum iis quos sciamus libentius bibere de rebus necessariis deliberemus; falsum ergo est hoc quod patrocinii loco ponitur, ei qui soleat ebrius fieri non dari tacitum.

Quanto satius est aperte accusare ebrietatem et vitia eius exponere, quae etiam tolerabilis homo vitaverit, nedum perfectus ac sapiens, cui satis est sitim extinguere, qui, etiam si quando hortata est hilaritas aliena causa producta longius, tamen citra ebrietatem resistit.

(15) Ich vermute, weil die Trunkenheit Pisos einen günstigen Fortgang für ihn genommen hatte, machte er später Cossus zum Stadtpräfekten, ein würdevoller Mann, besonnen, aber in Wein getaucht und triefend voll, so sehr, dass er einst aus dem Senat, in welchen er nach einem Gelage erschienen war, vom tiefen Schlaf überwältigt, entfernt wurde. Dennoch hat Tiberius ihm vieles eigenhändig geschrieben, das er nicht einmal seinen Untergebenen anvertrauen zu dürfen glaubte: kein Geheimnis ist Cossus entschlüpft, weder privat noch öffentlich.

(16) Wir sollten daher dieses Thema seiner Unbestimmtheit entheben: „Der Trunkenheit ergeben, ist man seines Verstandes nicht mehr mächtig: so wie vom Most sogar Fässer bersten und die Kraft der Gärungswärme alles, was zu unterst liegt, nach oben herausschleudert, so wird alles, was zu unterst verborgen liegt, durch den wallend aufsteigenden Wein hervorgebracht und kommt an die Öffentlichkeit. So wie diejenigen, die mit unverdünntem Wein abgefüllt sind, die Speise nicht bei sich behalten, wenn der Wein austritt, so [behalten sie] auch kein Geheimnis [bei sich]; was das Ihre und was Fremdes ist, lassen sie in gleicher Weise dem Munde entströmen."

(17) Aber auch wenn dies noch so oft geschieht, so [passiert] gewöhnlich auch Folgendes, dass wir mit denjenigen, von denen wir wissen, dass sie allzu gern trinken, über notwendige Angelegenheiten uns beraten; falsch ist also das, was zum Schutz dieses Standpunkts angeführt wird, dass dem, der gewohnheitsmäßig trinkt, kein Geheimnis anvertraut wird.

Um wie viel besser ist es, die Trunkenheit offen anzuklagen und deren Verfehlungen herauszustellen, die selbst ein leidlich guter Mann meidet, noch viel mehr ein vollkommener und weiser, der zufrieden ist, seinen Durst zu löschen, der, selbst wenn ihn einmal ein [geselliger] Frohsinn ermutigt (der sich auf fremde Veranlassung hin in die Länge zieht), dennoch an der Grenze zur Trunkenheit Halt macht.

(18) Nam de illo videbimus, an sapientis animus nimio vino turbetur et faciat ebriis solita: interim, si hoc colligere vis, virum bonum non debere ebrium fieri, cur syllogismis agis? Dic quam turpe sit plus sibi ingerere quam capiat et stomachi sui non nosse mensuram, quam multa ebrii faciant quibus sobrii erubescant, nihil aliud esse ebrietatem quam voluntariam insaniam. Extende in plures dies illum ebrii habitum: numquid de furore dubitabis? Nunc quoque non est minor sed brevior.

(19) Refer Alexandri Macedonis exemplum, qui Clitum carissimum sibi ac fidelissimum inter epulas transfodit et intellecto facinore mori voluit, certe debuit. Omne vitium ebrietas et incendit et detegit, obstantem malis conatibus verecundiam removet; plures enim pudore peccandi quam bona voluntate prohibitis abstinent.

(20) Ubi possedit animum nimia vis vini, quidquid mali latebat emergit. Non facit ebrietas vitia sed protrahit: tunc libidinosus ne cubiculum quidem expectat, sed cupiditatibus suis quantum petierunt sine dilatione permittit; tunc inpudicus morbum profitetur ac publicat; tunc petulans non linguam, non manum continet. Crescit insolenti superbia, crudelitas saevo, malignitas livido; omne vitium laxatur et prodit.

(18) Tatsächlich werden wir in dieser Hinsicht erwägen, ob der Geist des Weisen durch allzu viel Wein durcheinander gebracht wird und ob er sich benimmt, wie es für Betrunkene üblich ist: wenn du es unterdessen vorziehst, zu dem Urteil zu kommen, dass ein tugendhafter Mann nicht betrunken sein sollte, warum strebst du nach logischen Schlüssen? Erkläre, wie schimpflich es ist, mehr in sich hineinzugießen, als einer in sich aufnehmen kann und das Maß seines Magens nicht zu kennen, wie viele Dinge Betrunkene tun, für die Nüchterne sich schämen, dass Trunkenheit nichts anderes als eine freiwillige Unvernunft ist. Verlängere jenen Zustand eines Betrunkenen auf mehrere Tage: wirst du etwa an seinem Wahnsinn zweifeln? Auch so aber ist er nicht geringer, sondern kürzer.

(19) Erinnere dich an das Beispiel Alexanders von Makedonien, der seinen liebsten und treusten Freund Kleitos während eines Gastmahls durchbohrt hat und als er sich seiner Tat bewusst wurde, zu sterben wünschte, ja [zu sterben] schuldig war. Die Trunkenheit steigert jede schlechte Eigenschaft und bringt sie ans Licht, sie beseitigt das Schamgefühl, das den schlechten Trieben entgegensteht; anstatt der guten Gesinnung hält die meisten nämlich die Scham davon ab, eine Verfehlung zu begehen.

(20) Sobald sich die allzu große Macht des Weines des Geistes bemächtigt hat, kommt alles zum Vorschein, was an Schlechtem verborgen war. Die Trunkenheit erschafft keine schlechten Eigenschaften, sondern bringt sie ans Licht: der wollüstige [Mensch] wartet dann nicht einmal bis zum Schlafgemach, sondern erlaubt seinen Leidenschaften ohne Aufschub, so viel sie begehrten; dann bekennt sich der sittlich Verkommene zu seiner Sucht und zeigt sie öffentlich; dann hält der Ausgelassene nicht seine Zunge, nicht seine Hand im Zaum. Hochmut erwächst bei dem Stolzen, Grausamkeit bei dem Herrischen, Bosheit bei dem Missgünstigen; jedwede schlechte Eigenschaft wird entfesselt und kommt zum Vorschein.

(21) Adice illam ignorationem sui, dubia et parum explanata verba, incertos oculos, gradum errantem, vertiginem capitis, tecta ipsa mobilia velut aliquo turbine circumagente totam domum, stomachi tormenta cum effervescit merum ac viscera ipsa distendit. Tunc tamen utcumque tolerabile est, dum illi vis sua est: quid cum somno vitiatur et quae ebrietas fuit cruditas facta est?

(22) Cogita quas clades ediderit publica ebrietas: haec acerrimas gentes bellicosasque hostibus tradidit, haec multorum annorum pertinaci bello defensa moenia patefecit, haec contumacissimos et iugum recusantes in alienum egit arbitrium, haec invictos acie mero domuit.

(23) Alexandrum, cuius modo feci mentionem, tot itinera, tot proelia, tot hiemes per quas victa temporum locorumque difficultate transierat, tot flumina ex ignoto cadentia, tot maria tutum dimiserunt: intemperantia bibendi et ille Herculaneus ac fatalis scyphus condidit.

(24) Quae gloria est capere multum? Cum penes te palma fuerit et propinationes tuas strati somno ac vomitantes recusaverint, cum superstes toti convivio fueris, cum omnes viceris virtute magnifica et nemo vini tam capax fuerit, vinceris a dolio.

(21) Füge jene Bewusstseinstrübung hinzu, das unsichere und wenig deutliche Gerede, den trüben Blick, den schwankenden Schritt, das Schwindelgefühl im Kopf – selbst die Häuser wackeln, als ob ein Wirbelsturm das ganze Haus im Kreise dreht – die Martern des Magens, wenn der unverdünnte Wein brennend aufsteigt und das Innerste selbst foltert. Solange jener noch Kontrolle über sich hat, ist es dann trotzdem wie es eben geht erträglich: was [aber], wenn er vom Schlaf beeinträchtigt wird und das, was Trunkenheit war, eine Magenverstimmung geworden ist?

(22) Bedenke, welche Schäden die allgemeine Trunkenheit angerichtet hat: äußerst grimmige und kriegerische Völker hat sie den Feinden preisgegeben, sie hat Festungswerke zugänglich gemacht, die in einem viele Jahre andauernden Krieg verteidigt worden sind, sie hat die härtesten und sich dem Sklavenjoch sträubenden [Männer] unter fremde Herrschaft gebracht, sie hat die in der Schlacht Unbesiegten mit unverdünntem Wein bezwungen.

(23) [Bedenke] Alexander, den ich eben erst erwähnt habe, so viele Märsche, so viele Kämpfe, so viele Winterstürme hatte er überstanden, in deren Verlauf er Sieger über die zeitlichen und örtlichen Widrigkeiten blieb, so viele Flüsse, aus dem Unbekannten sich ergießend, so viele Meere hatten ihn ohne Verluste fahren lassen: seine Unbeherrschtheit beim Trinken und jener Verderben bringende Herkules-Becher haben ihn ins Grab gebracht.

(24) Was für eine Ruhmestat ist es, viel in sich aufnehmen zu können? Wenn du dich im Besitz der Siegespalme befindest und diejenigen, die vor Trägheit niedergesunken sind und sich erbrechen, dein Zutrinken zurückweisen, wenn du [allein] vom ganzen Gelage übriggeblieben bist, wenn du alle mit großer Entschlossenheit besiegt hast und keiner in solchem Maße zum Zechen fähig war, wirst du von einem Fass besiegt [sein].

(25) M. Antonium, magnum virum et ingeni nobilis, quae alia res perdidit et in externos mores ac vitia non Romana traiecit quam ebrietas nec minor vino Cleopatrae amor? Haec illum res hostem rei publicae, haec hostibus suis inparem reddidit; haec crudelem fecit, cum capita principum civitatis cenanti referrentur, cum inter apparatissimas epulas luxusque regales ora ac manus proscriptorum recognosceret, cum vino gravis sitiret tamen sanguinem. Intolerabile erat quod ebrius fiebat cum haec faceret: quanto intolerabilius quod haec in ipsa ebrietate faciebat!

(26) Fere vinolentiam crudelitas sequitur; vitiatur enim exasperaturque sanitas mentis. Quemadmodum <morosos> difficilesque faciunt diutini morbi et ad minimam rabidos offensionem, ita ebrietates continuae efferant animos; nam cum saepe apud se non sint, consuetudo insaniae durat et vitia vino concepta etiam sine illo valent.

(25) Marcus Antonius war ein bedeutender Mann von edlem Charakter: welch anderer Umstand hat ihn zugrunde gerichtet und zu ausländischen Sitten und unrömischen Lastern geführt als die Trunkenheit und, nicht minder als der Wein, die Liebe zu Kleopatra? Dieser Umstand hat ihn zum Feind des Staates, dieser Umstand hat ihn seinen Feinden unterlegen gemacht; dieses hat ihn grausam gemacht: als ihm [etwa] die Köpfe der Vornehmsten des Staates beim Essen überbracht wurden, als er im Verlauf der prächtigsten Gastmähler und inmitten von denen eines Königs würdigen schwelgerischen Genüsse die Gesichter und Hände der Geächteten geprüft hat, als er voll von Wein gleichwohl nach Blut lechzte. Unerträglich war, dass er im trunkenen Zustand sich befand, als er dies tat: um wie viel unerträglicher war es, dass er es gerade im Alkoholrausch tat!

(26) Grausamkeit schließt sich in der Regel der Trunksucht an; sie verletzt und verroht nämlich die geistige Gesundheit. So wie lang andauernde Krankheiten mürrisch und schwierig machen und beim kleinsten Ärgernis wütend, so lassen ununterbrochene Trinkgelage die Empfindungen verwildern; denn wenn man oft nicht bei sich ist, lässt die Gewohnheit das unsinnige Betragen andauern und die schlechten Eigenschaften, die man sich durch den Wein aufgeladen hat, entfalten auch ohne ihn ihre Wirkung.

(27) Dic ergo quare sapiens non debeat ebrius fieri; deformitatem rei et inportunitatem ostende rebus, non verbis. Quod facillimum est, proba istas quae voluptates vocantur, ubi transcenderunt modum, poenas esse. Nam si illud argumentaberis, sapientem multo vino non inebriari et retinere rectum tenorem etiam si temulentus sit, licet colligas nec veneno poto moriturum nec sopore sumpto dormiturum nec elleboro accepto quidquid in visceribus haerebit eiecturum deiecturumque. Sed si temptantur pedes, lingua non constat, quid est quare illum existimes in parte sobrium esse, in parte ebrium? Vale.

———

(27) Erkläre also, warum der Weise nicht berauscht sein darf; offenbare das Entehrende und die Abscheulichkeit dieses Zustands durch Tatsachen, nicht durch Worte. Was am leichtesten zu tun ist: weise nach, dass das, was man Vergnügungen nennt, sobald sie ein [bestimmtes] Maß überschritten haben, [tatsächlich] Strafen sind. Denn wenn du folgenden Beweis anführen willst, dass der Weise von viel Wein nicht berauscht wird und seine sittlich gute Haltung beibehält, auch wenn er betrunken sein sollte, wäre es auch möglich, den Schluss zu ziehen, dass er nicht sterben wird, wenn er Gift getrunken hat, nicht einschlafen wird, wenn er einen Schlaftrunk zu sich genommen hat, und auch all das nicht ausspeien und abführen wird, was in den Eingeweiden verweilt, wenn er Nieswurz [als Brechmittel] erhalten hat. Wenn aber die Füße auf die Probe gestellt werden, die Zunge nicht still steht, welchen Grund gibt es dann zu glauben, dass er teilweise nüchtern, teilweise trunken ist? Lebe wohl.

———